10472012

LA TERRE EN COLÈRE

Texte de
Cynthia Pratt Nicolson

Illustrations de
Bill Slavin

Texte français de
Marthe Faribault

 EH Héritage jeunesse

*À Donald,
qui adore la danse.*

Données de catalogage avant publication (Canada)

Nicolson, Cynthia Pratt

La Terre en colère

Traduction de : Earthdance.
Comprend un index.
Pour les jeunes de 8 à 12 ans.

ISBN : 2-7625-8249-0

1. Volcans - Ouvrages pour la jeunesse. 2. Tremblements
de terre - Ouvrages pour la jeunesse. 3. Sol, Mouvements
du - Ouvrages pour la jeunesse. 4. Géodynamique -
Ouvrages pour la jeunesse. 5. Activités dirigées - Ouvrages
pour la jeunesse. I. Slavin, Bill. II. Titre.

QE521.3.N5314 1996j551.2   C95-941566-1

Earthdance
Texte copyright © 1994 Cynthia Pratt Nicolson
Illustrations copyright © 1994 Bill Slavin
publié par Kids Can Press Ltd.

Maquette de la couverture : Marie Bartholomew

Version française
© Les éditions Héritage inc. 1996
Tous droits réservés

Directeur de collection : Martin Paquet

Dépôts légaux : 1er trimestre 1996
Bibliothèque nationale du Québec
Bibliothèque nationale du Canada

ISBN : 2-7625-8249-0 Imprimé à Hong-Kong

LES ÉDITIONS HÉRITAGE INC.
300, rue Arran, Saint-Lambert (Québec)
(514) 875-0327

Remerciements

*L'un des aspects les plus intéressants de l'écriture de
ce livre a été de pouvoir interroger des scientifiques
sur leurs travaux. Ils m'ont communiqué leur
insatiable curiosité. Deux membres du personnel de la
Commission géologique du Canada m'ont aidée plus
particulièrement. Je tiens donc à remercier Catherine
Hickson, qui m'a communiqué l'expérience qu'elle a
vécue lors de l'explosion du mont Saint Helens, qui a
patiemment répondu à toutes mes questions et qui a
relu les versions préliminaires de mon texte pour en
vérifier l'exactitude. Je dois également remercier Bob
Turner pour ses précieux conseils et ses encoura-
gements. Leur contribution n'a pas de prix.*

*Mes remerciements s'adressent aussi à
Rosemary Knight, de l'Université de la Colombie-
Britannique, à Paul Hoffman et à Verena Tunnicliffe,
de l'Université de Victoria, et à Garry Rogers et Dieter
Weichert, du Pacific Geoscience Centre. Ces scientifiques m'ont aidée à mieux comprendre des processus complexes et à les expliquer de façon claire et
précise.*

*Plusieurs autres personnes n'appartenant pas
au milieu des sciences ont également contribué à
l'élaboration de ce livre. Je veux ici remercier Kae
Kane, Andrea McKay et ma mère, Bernice Pratt,
pour l'aide qu'elles m'ont apportée. Je veux encore
remercier Blair Kerrigan, Bill Slavin, Lori Burwash et
toute l'équipe de Kids Can Press. En particulier,
la coordonnatrice du projet, Val Wyatt, avec sa
surprenante capacité d'être à la fois exigeante et
bienveillante, m'a guidée dans la préparation de
ce livre, le premier de ma carrière. Je veux aussi
remercier mes enfants, Ian et Vanessa, qui ont testé
les activités proposées et relu des portions du texte,
de même que ma fille aînée, Sara, qui a pris en charge
la maisonnée quand l'écriture m'accaparait trop.
Enfin, je remercie mon mari, Donald, pour son
soutien constant.*

Table des matières

La Terre en colère **4**

Voyage au centre de la Terre 6

Ça bouge sous mes pieds ! 8

Le plus grand casse-tête du monde 10

Un voyage dans le temps 12

Les volcans **14**

Le mont Saint Helens 16

L'Islande 18

Le point chaud d'Hawaii 20

Qu'est-ce qui sort de là ? 22

Des portraits de famille 24

Fabrique un volcan 26

Pompéi 28

Les tremblements de terre **30**

La puissance des séismes 32

Tout ce que tu as toujours voulu savoir... 34

« Risque de séisme élevé, ce soir ! » 38

Les montagnes, les sources d'eau chaude sous-marines, les geysers **40**

La formation des montagnes 41

Les sources d'eau chaude sous-marines 42

Les geysers et autres phénomènes volcaniques secondaires 44

Connaître la Terre 46

Glossaire 47

Réponses 47

Index 47

Origine des photos 48

LA TERRE EN COLÈRE

Imagine que, un beau jour, un volcan surgisse dans ton jardin. Impossible, diras-tu ? Eh bien, c'est pourtant ce qui est arrivé à un jeune mexicain, Cresencio Pulido.

Un matin de 1943, Cresencio garde les moutons pendant que son père laboure son champ de maïs, pas très loin.

Soudain, venant d'une dépression au milieu du champ, Cresencio entend un grondement. Pendant qu'il court avertir son père, une fissure se forme au milieu de la dépression et une fumée blanche s'en échappe.

Le père et le fils se sauvent à toutes jambes. Derrière eux, un grand sifflement se fait entendre, et de la lave incandescente gicle dans les airs. Le sol tremble sous leurs pieds.

Cette nuit-là, les Pulido et leurs voisins de la ville de Paricutin entendent de gigantesques explosions en provenance du champ de maïs.

Le lendemain matin, ils ont découvert un volcan miniature au milieu du champ. Mais ce nouveau-né grandit beaucoup plus rapidement que la plupart des bébés. Vers midi, il forme déjà un cône de la hauteur d'un immeuble de dix étages.

Durant les jours qui suivent, le volcan est toujours en éruption et grandit. De la lave coule de son sommet. Elle recouvre la maison de Cresencio et bien d'autres encore. L'église du village est ensevelie jusqu'à la hauteur de son clocher. Heureusement, personne n'est blessé.

Au bout de dix semaines, le volcan mesure 335 m de hauteur, et les gens de Paricutin l'ont surnommé *El Monstruo* (en espagnol, «le monstre»). Le champ de Cresencio est maintenant devenu un monstre qui crache des roches et du feu.

Que se passe-t-il ?

Pourquoi les volcans crachent-ils de la lave incandescente? Comment un séisme arrive-t-il à faire trembler la Terre? Bien des gens se posent les mêmes questions que toi. Pendant des siècles, les humains sont restés effrayés et perplexes devant les colères de la nature.

Dans ce livre, tu apprendras pourquoi les séismes et les éruptions volcaniques se produisent. Tu y liras des anecdotes à propos de gens qui ont combattu la lave avec des lances à incendie, d'une jeune fille dont la maison a été coupée en deux et d'une ville entière qui a disparu instantanément. Tu apprendras même à fabriquer un minivolcan chez toi et à cuisiner de la lave à croquer. Si tu veux en apprendre davantage sur les exhubérances de notre planète, tourne la page !

Voyage au centre de la Terre

Frappe un œuf dur sur la table, juste assez fort pour que la coquille se fendille en quelques endroits. Puis coupe l'œuf en deux, dans le sens de la longueur. Voilà! Tu as maintenant sous les yeux la Terre en modèle réduit.

De la même façon que l'œuf a une coquille, une partie interne blanche et un centre jaune, la Terre est composée de trois couches : la croûte (ou écorce), le manteau et le noyau.

Croûte   Manteau   Noyau

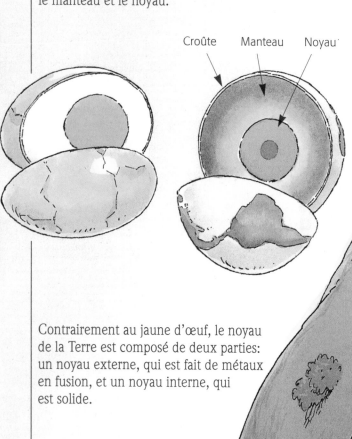

Contrairement au jaune d'œuf, le noyau de la Terre est composé de deux parties: un noyau externe, qui est fait de métaux en fusion, et un noyau interne, qui est solide.

Supposons que tu puisses prendre un ascenseur imaginaire qui te conduirait au centre de la Terre. Qu'y trouverais-tu ?

Bonjour, mesdames et messieurs! Pour nous rendre au centre de la Terre, nous descendrons sur 6 500 km en moins de trois minutes. Attachez vos ceintures! Nous démarrons!

Bip!

Nous sommes à 3,3 km sous la surface de la Terre, c'est-à-dire là où est située la mine d'or la plus profonde de la planète. La roche qui nous entoure est très chaude: 49 °C. Une partie de cette chaleur est ce qui reste de la gigantesque fournaise qu'était la Terre à son origine. Le reste vient de roches radioactives, qui ont la propriété de libérer de l'énergie sous forme de chaleur. On descend!

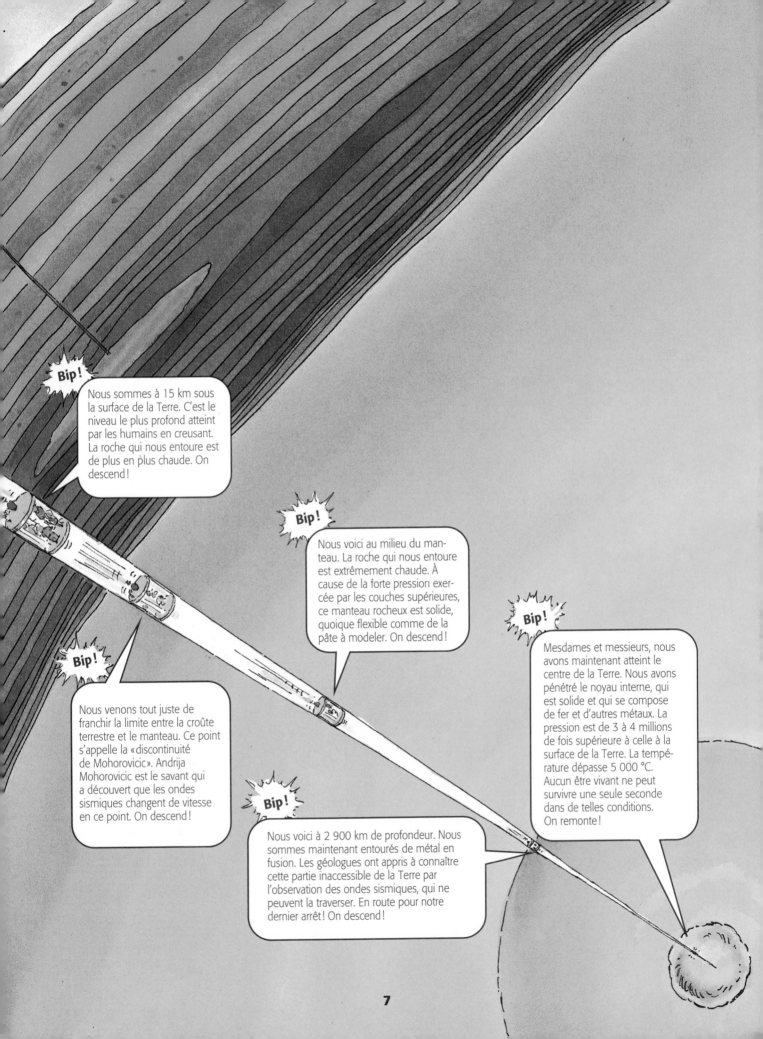

Bip!

Nous sommes à 15 km sous la surface de la Terre. C'est le niveau le plus profond atteint par les humains en creusant. La roche qui nous entoure est de plus en plus chaude. On descend!

Bip!

Nous voici au milieu du manteau. La roche qui nous entoure est extrêmement chaude. À cause de la forte pression exercée par les couches supérieures, ce manteau rocheux est solide, quoique flexible comme de la pâte à modeler. On descend!

Bip!

Nous venons tout juste de franchir la limite entre la croûte terrestre et le manteau. Ce point s'appelle la «discontinuité de Mohorovicic». Andrija Mohorovicic est le savant qui a découvert que les ondes sismiques changent de vitesse en ce point. On descend!

Bip!

Mesdames et messieurs, nous avons maintenant atteint le centre de la Terre. Nous avons pénétré le noyau interne, qui est solide et qui se compose de fer et d'autres métaux. La pression est de 3 à 4 millions de fois supérieure à celle à la surface de la Terre. La température dépasse 5 000 °C. Aucun être vivant ne peut survivre une seule seconde dans de telles conditions. On remonte!

Bip!

Nous voici à 2 900 km de profondeur. Nous sommes maintenant entourés de métal en fusion. Les géologues ont appris à connaître cette partie inaccessible de la Terre par l'observation des ondes sismiques, qui ne peuvent la traverser. En route pour notre dernier arrêt! On descend!

Ça bouge sous mes pieds !

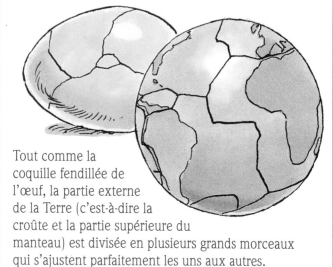

Tout comme la coquille fendillée de l'œuf, la partie externe de la Terre (c'est-à-dire la croûte et la partie supérieure du manteau) est divisée en plusieurs grands morceaux qui s'ajustent parfaitement les uns aux autres.

Les géologues (les scientifiques qui étudient la croûte et l'intérieur de la Terre) appellent ces morceaux « plaques tectoniques ». La plupart des plaques comprennent une partie continentale et une partie sous-marine. Leurs lisières sont dentelées et se rencontrent aussi bien au sommet d'une chaîne de montagnes que sur une ligne côtière ou dans les profondeurs des océans.

Contrairement aux morceaux de la coquille d'œuf fendillée, les plaques tectoniques sont en perpétuel mouvement. À la manière d'un radeau qui vogue sur l'eau, elles flottent à la surface de la roche plus chaude et moins dure qui constitue l'intérieur de la Terre. Ainsi, le sol sur lequel tu marches peut te sembler immobile ; en réalité, il se déplace lentement.

La vitesse de mouvement des plaques est celle de la repousse de tes ongles : elle est très lente. Même à une si petite vitesse, le mouvement et la collision de deux plaques engendrent toutes sortes de phénomènes spectaculaires. Des chaînes de montagnes naissent. Des océans rapetissent. La Terre tremble. Des volcans font éruption !

La collision entre deux plaques

Lorsque deux plaques entrent en collision, il se passe un peu la même chose que lorsque des voitures se heurtent de plein fouet. Les plaques, en se pliant et en se déformant, donnent naissance à de gigantesques chaînes de montagnes.

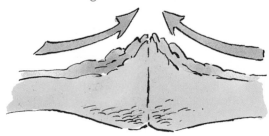

La plongée d'une plaque sous l'autre

Parfois, la partie sous-marine d'une plaque frappe la partie continentale d'une autre plaque. Comme la roche du fond océanique est plus dense, elle plonge sous la plaque continentale. Ce phénomène, qui s'appelle la « subduction », est à l'origine des séismes et des éruptions volcaniques.

Le frottement de deux plaques

Aux points de jonction de deux plaques, appelés « failles transformantes », les plaques glissent en se frottant l'une contre l'autre, un peu comme deux voitures qui se frôleraient à très basse vitesse. Si le mouvement de glissement des deux plaques en sens inverse l'une de l'autre est interrompu, il y a accumulation d'énergie, et la tension augmente. Lorsque cette dernière est trop grande, la roche se fracture et l'énergie accumulée, en étant libérée, déclenche un séisme.

Passage au-dessus d'un point chaud

Il arrive qu'une plaque passe au-dessus d'un «point chaud» du manteau de la Terre. La chaleur qui monte du point chaud fait fondre la croûte, ce qui entraîne la formation de chaînes de volcans; lorsque le phénomène se produit dans l'océan, des chaînes d'îles volcaniques apparaissent.

Deux plaques s'éloignent

En certains endroits, généralement au fond des océans, les plaques tectoniques s'éloignent les unes des autres. Le magma (c'est-à-dire la roche en fusion provenant de l'intérieur de la Terre) remonte entre les deux plaques et leur ajoute de la roche, créant de gigantesques chaînes de montagnes sous-marines. Ces dorsales océaniques courent à la surface de la planète, un peu comme les coutures d'une balle de baseball.

Pourquoi les plaques bougent-elles?

Jette quelques grains de riz dans une casserole d'eau bouillante. Vois-tu les grains monter, descendre et tournoyer? Les géologues pensent que la roche chaude qui constitue le manteau de la Terre bouge de façon similaire et que ces mouvements provoquent la dérive des plaques à la surface de la Terre.

D'autres forces peuvent aussi entrer en jeu. Par exemple, le magma remonte entre deux plaques le long des dorsales océaniques. Lorsque le magma durcit et ajoute de la roche aux plaques, celles-ci s'éloignent l'une de l'autre. Mais les plaques ne peuvent s'agrandir ainsi éternellement. Dans les fosses océaniques (c'est-à-dire les zones de subduction, qui sont près des régions côtières), les plaques s'enfoncent dans le manteau, ce qui engendre souvent des séismes et des éruptions volcaniques à la surface de la Terre.

Les scientifiques croient que les courants internes du manteau et la croissance des plaques dans les fonds océaniques sont les deux forces les plus importantes qui orchestrent la colère de la Terre.

Le plus grand casse-tête du monde

Au XVIIᵉ siècle, lorsque les cartographes ont dressé pour la première fois la carte de la côte du Brésil, il ont été surpris de constater que les renflements et les creux de cette côte correspondaient parfaitement à ceux de la côte ouest de l'Afrique. Mais personne n'en a fourni d'explication, jusqu'à ce que, en 1912, un savant allemand du nom d'Alfred Wegener publie sa théorie de la dérive des continents. Wegener était convaincu que les continents actuels étaient des fragments d'un ancien supercontinent gigantesque, qu'il a nommé « Pangée ». Selon sa théorie, ce supercontinent s'est divisé en plusieurs morceaux qui ont dérivé jusqu'à leur position actuelle. Mais Wegener ne pouvait pas expliquer ce qui causait le mouvement des continents à la surface de la Terre, car ni lui ni les autres scientifiques de son époque ne connaissaient la tectonique des plaques. D'ailleurs, sa théorie semblait tellement fantaisiste que ses collègues l'ont traité de farfelu.

Il y a 200 millions d'années

Aujourd'hui

Beaucoup plus tard, dans les années 1960, les géologues ont élaboré la théorie de la tectonique des plaques. Suivant cette théorie, les continents bougent parce qu'ils font partie des plaques qui constituent la couche externe de la Terre. Chaque année, l'Europe et l'Amérique du Nord s'éloignent un petit peu l'une de l'autre. En même temps, l'Amérique du Nord et l'Asie se rapprochent. Mais comment les scientifiques expliquent-ils les dessins des côtes qui correspondent d'un continent à l'autre ? Voici quelques-uns des indices qu'ils utilisent pour résoudre ce casse-tête.

Les traits noirs représentent les bordures des principales plaques tectoniques de la Terre.

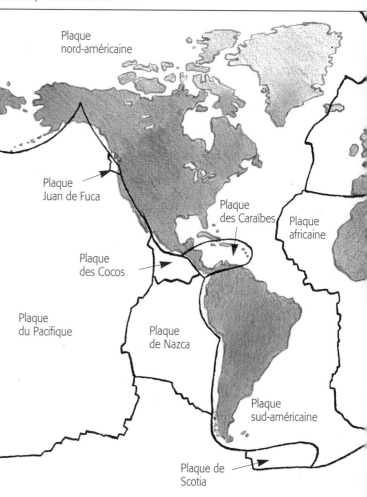

Plaque nord-américaine

Plaque Juan de Fuca

Plaque des Caraïbes

Plaque africaine

Plaque des Cocos

Plaque du Pacifique

Plaque de Nazca

Plaque sud-américaine

Plaque de Scotia

L'enseignement des fossiles

Au Brésil et en Afrique du Sud, les archéologues ont découvert des fossiles de Mesosaurus. Il s'agit d'un reptile qui a un museau semblable à celui de l'alligator. Il était impensable que le Mesosaurus ait pu traverser à la nage les 4 800 km d'océan qui séparent les deux sites. Les scientifiques se sont alors dit qu'il était beaucoup plus probable que l'Amérique du Sud et l'Afrique formaient un seul continent à l'époque du Mesosaurus.

La comparaison des montagnes

Les Appalaches dans le nord-est de l'Amérique du Nord sont très semblables à certaines montagnes de l'Écosse et de la Scandinavie. Par ailleurs, les formations rocheuses de l'Afrique du Sud correspondent à celles de l'Argentine. Comment cela se fait-il? Les géologues croient que ces contrées, aujourd'hui éloignées les unes des autres, n'en formaient qu'une seule autrefois et que leurs montagnes ne constituaient qu'une seule et même chaîne de montagnes.

L'examen des crêtes océaniques

Dans les années 1960, en explorant la dorsale de l'Atlantique, les géologues ont fait une découverte intéressante. Les roches qui sont de chaque côté de la crête ont exactement le même comportement magnétique. Les géologues en ont déduit que la roche se forme de façon constante le long de la crête océanique et qu'elle s'ajoute aux plaques au fur et à mesure que celles-ci s'éloignent l'une de l'autre. Wegener avait raison! Par leur dérive, les continents ont changé la face de la Terre.

Plaque de l'Eurasie

Plaque anatolienne

Plaque nord-américaine

Plaque du Pacifique

Plaque des Philippines

Plaque de l'Arabie

Plaque australo-indienne

Plaque de l'Antarctique

Constate par toi-même

Place une feuille de papier mince sur une planisphère et décalque les contours de l'Afrique et de l'Amérique du Sud. Découpe les deux continents. Maintenant, place-les l'un à côté de l'autre. Les lignes côtières correspondent-elles l'une à l'autre?

Un voyage dans le temps

Imagine que tu es un extraterrestre qui arrive d'une autre galaxie et qui place son vaisseau en orbite autour de la Terre. Comment t'apparaît-elle? Cela dépend de l'époque à laquelle tu arrives!

Il y a 250 millions d'années

Tu contemples une planète constituée d'un énorme océan et d'un gigantesque continent. En regardant avec le télescope de ton vaisseau spatial, tu peux voir de petits dinosaures qui courent dans une forêt de fougères géantes.

Il y a 65 millions d'années

Tous les dinosaures ont disparu! Regarde avec ton télescope superpuissant. Vois-tu les arbres en fleurs et les abeilles qui butinent? Les continents de l'hémisphère Nord ne se sont pas encore séparés, contrairement à ceux de l'hémisphère Sud.

Il y a 135 millions d'années

La masse continentale de la Terre s'est maintenant divisée en quatre parties principales. En planant au-dessus de la forêt à feuilles persistantes, ton vaisseau effraie une famille de dinosaures à long cou et fait s'envoler les premiers spécimens d'oiseaux connus sur la Terre.

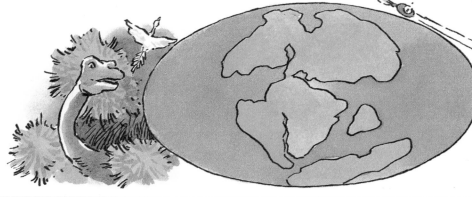

Aujourd'hui

Tu découvres une planète qui a sept continents et trois grands océans. En utilisant les télécapteurs de ton vaisseau, tu découvres que la planète est habitée par des créatures qui marchent sur deux pieds, portent des vêtements et parlent entre eux au moyen d'un trou qu'ils ont au milieu du visage. Ces êtres sont si bizarres que tu décides de retourner dans ta galaxie.

Bon voyage!

Le fil du temps

Jusqu'où peux-tu remonter dans le temps avec ta mémoire? Pour la plupart d'entre nous, cinq années semblent une longue période. Les géologues, eux, mesurent le temps en millions d'années. Voici une activité qui te permettra de voir le temps défiler devant tes yeux, depuis la Pangée jusqu'à aujourd'hui.

Il te faut:

• un crayon

• du papier

• des ciseaux

• de la colle

• un rouleau de papier hygiénique

• des petits cailloux

1. Fais un décalque ou une photocopie des quatre étapes de l'histoire de la Terre présentées sur ces deux pages, puis découpe-les.

2. Chaque feuillet de ton rouleau de papier hygiénique représente 1 million d'années. Colle l'image de la Terre d'aujourd'hui sur le premier feuillet. (Toute l'histoire de l'humanité pourrait tenir dans les deux premiers centimètres de ce premier feuillet.)

3. Maintenant, déroule le fil du temps et compte les feuillets. (Tu peux utiliser des petits cailloux pour empêcher le papier hygiénique de flotter au vent.) Sur le soixante-cinquième feuillet, colle l'image de la Terre d'il y a 65 millions d'années. C'est l'époque où les dinosaures et plusieurs autres espèces se sont éteints.

4. Colle l'image de la Terre d'il y a 135 millions d'années sur le cent trente-cinquième feuillet. C'est l'époque où la Pangée se divisait et où les dinosaures étaient les maîtres de la Terre.

5. Continue de compter les feuillets! Quand tu arriveras au deux cent cinquantième feuillet, colle l'image de la Terre d'il y a 250 millions d'années. À cette époque, tous les continents étaient regroupés en un seul, nommé Pangée.

6. La Terre s'est formée il y a environ 4 600 millions d'années. Si un rouleau de papier hygiénique contient 300 feuillets, combien de rouleaux faudra-t-il pour représenter l'histoire de la Terre au grand complet? (Tu trouveras la réponse à la page 47.)

LES VOLCANS

Catherine Hickson est une passionnée des volcans. Elle en a d'ailleurs fait l'objet de son travail. Catherine a décidé de devenir volcanologue (c'est le nom qu'on donne aux scientifiques qui étudient les volcans) peu après avoir failli mourir à cause d'un volcan.

Le matin du 18 mai 1980, le soleil brille au-dessus de l'État de Washington. Catherine et son mari, Paul, campent près du mont Saint Helens, avec leurs chiens Crystal et Dawn. Pendant qu'elle prépare le déjeuner, Catherine remarque que ses chiens semblent angoissés et agités.

Alors, elle lève les yeux et elle a la plus grande surprise de sa vie. Tout le flanc nord-est du mont Saint Helens est en train d'éclater. Les Hickson regardent la scène avec curiosité, quand un nuage de vapeur et de cendres jaillit du flanc de la montagne. Le nuage s'élève de plus en plus haut dans le ciel et s'étend dans leur direction.

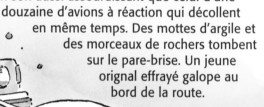

Les campeurs comprennent qu'il courent un grave danger, car les gaz et les cendres chaudes risquent de les atteindre d'une minute à l'autre.

Pendant qu'ils dévalent la pente sur une petite route forestière, Catherine jette un coup d'œil dans le rétroviseur. Le nuage volcanique roule vers eux, fendu par d'étranges éclairs bleus. L'air est rempli d'un son aussi assourdissant que celui d'une douzaine d'avions à réaction qui décollent en même temps. Des mottes d'argile et des morceaux de rochers tombent sur le pare-brise. Un jeune orignal effrayé galope au bord de la route.

Ne regarde pas! Fonce!

Puis les Hickson constatent que la route les a ramenés à leur point de départ. Au lieu de s'éloigner du volcan en éruption, ils s'en rapprochent!

Désespérés, ils prennent un autre chemin. Mais le pont a été emporté par une coulée de boue et de neige fondante. Pourront-ils échapper à la fureur du volcan?

Finalement, les Hickson trouvent une route qui les conduits en dehors de la zone dangereuse. Trois heures plus tard, ils sont à l'abri, avec leurs deux chiens. Pour Catherine, c'est la fin d'une immense frayeur, mais aussi le début d'une grande passion pour les volcans.

Avant d'entrer en éruption, le sommet du mont Saint Helens brille sous le soleil.

Un nuage de gaz et de cendres s'élève dans les airs tandis qu'un nuage plus lourd, composé de roches, de cendres et de gaz, dévale les flancs de la montagne.

La force de l'explosion a abattu de grands arbres.

Où trouver des volcans ?

Tu voudrais voir un volcan ? La plupart du temps, l'activité volcanique se manifeste aux points de jonction de deux plaques tectoniques. Voici les endroits où tu as le plus de chances de trouver un volcan, qu'il soit actif, au repos ou éteint.

Dans une zone de subduction

Ce sont les endroits où une plaque glisse sous une autre, ce qui fait remonter le magma à la surface. La pression augmente jusqu'à ce que le magma soit projeté à l'extérieur. Le mont Saint Helens fait partie d'une chaîne d'une centaine de volcans appartenant à une zone de subduction, appelée « Ceinture de feu du Pacifique » ou « cercle circumpacifique », qui entoure cet océan.

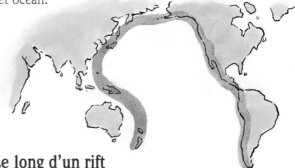

Le long d'un rift

Aux endroits où deux plaques s'éloignent l'une de l'autre, le magma s'infiltre par ces points faibles. L'Islande, une île volcanique, est située sur le rift qui est au point de jonction de deux plaques, au milieu de l'Atlantique.

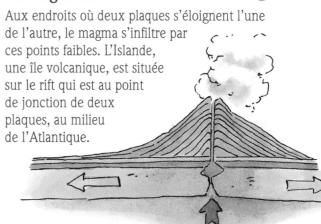

Au-dessus d'un point chaud

Certains volcans sont très loin des bordures d'une plaque. Ils sont plutôt dus à des points chauds, où des giclées de roche en fusion provenant du manteau remontent à la surface. Ainsi, les îles de l'archipel hawaiien sont nées au fond de l'océan et proviennent de la dérive de la plaque du Pacifique au-dessus d'un point chaud.

Le mont Saint Helens
Un volcan situé dans une zone de subduction

Pourquoi le mont Saint Helens a-t-il explosé sans crier gare? Tu peux suivre ci-dessous le fil des événements.

3... *LE COMPTE À REBOURS*

Au large des côtes des États de Washington et de l'Oregon, la petite plaque Juan de Fuca glisse progressivement sous le continent nord-américain depuis des millions d'années. En plongeant dans les entrailles de la Terre, la plaque provoque l'infiltration de gaz et d'eau dans la roche qui est au-dessus. La fusion de la roche peut alors se faire à de plus faibles températures. Des poches de magma se forment et, comme le magma est plus léger que la roche qui l'entoure, il traverse la croûte par les fissures qui la sillonnent.

2...

Le magma qui remonte s'accumule dans une chambre souterraine. Une partie de cette roche brûlante et pleine de gaz remonte dans un vaste conduit appelé «cheminée». Mais le haut de la cheminée est obstrué, et le magma ne peut pas s'échapper. La pression augmente à l'intérieur de la montagne.

1...

En avril 1980, des scientifiques remarquent que le flanc nord du mont Saint Helens présente un renflement qui grossit. Déjà, à plusieurs reprises, la montagne a été secouée par des explosions de vapeur et de petits séismes. Le magma cherche à s'échapper à l'extérieur. Que va-t-il arriver maintenant?

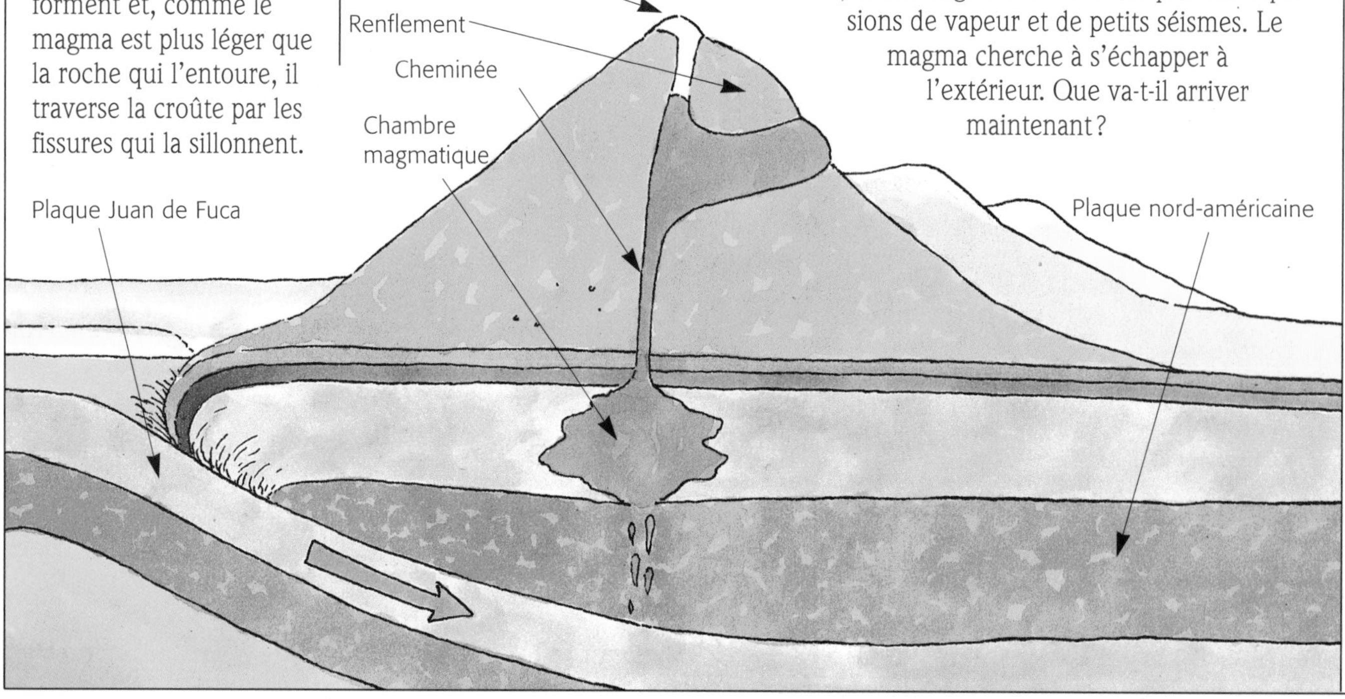

Le haut de la cheminée est obstrué.

Renflement

Cheminée

Chambre magmatique

Plaque Juan de Fuca

Plaque nord-américaine

FEU !

Le 18 mai au matin, le monstre se réveille ! Un glissement de terrain met à nu le flanc nord-est de la montagne. La pression se relâche et permet au magma prisonnier de la montagne de s'échapper. À la manière d'une bouteille de boisson gazeuse qu'on vient d'ouvrir, la montagne crache son contenu. Le ciel s'emplit d'un nuage de cendres et de gaz. Des éclairs traversent ce nuage brûlant, qui se répand dans la vallée à une vitesse de 500 km/h.

Tout ce qui se trouve sur le chemin de cette avalanche de feu est détruit instantanément. Des milliers de grands arbres sont abattus et dépouillés. Des maisons et des ponts sont emportés par les rivières et les torrents gonflés de neige fondue, de boue et de débris. La cendre a tôt fait de recouvrir tous les environs d'un épais manteau gris. Au total, la montagne a craché 4 km^3 de débris dans les airs. Au bout de deux semaines, son nuage de cendres a fait le tour de la Terre.

Une éruption dans une bouteille

L'explosion du mont Saint Helens a été causée par une baisse subite de la pression subséquente à un gigantesque glissement de terrain. Tu peux reproduire le même effet, à une beaucoup plus petite échelle bien sûr, avec une bouteille de boisson gazeuse.

Il te faut :

- une bouteille de boisson gazeuse en plastique, pleine et munie d'un bouchon qui visse
- du colorant alimentaire rouge
- un endroit à l'extérieur où tu as la permission de faire des dégâts

1. Dévisse le bouchon lentement. Les bulles que tu vois sont en fait du gaz carbonique qui était invisible tant qu'une pression élevée le maintenait dissous dans la boisson. En ouvrant la bouteille, tu as fait diminuer la pression.

2. Ajoute quelques gouttes de colorant alimentaire rouge dans la boisson et referme la bouteille en serrant bien le bouchon. Agite la bouteille légèrement.

3. En plaçant le fond de la bouteille vers toi, dévisse le bouchon. Tiens-la à bout de bras et regarde ton « magma » en jaillir.

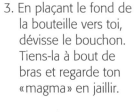

Lorsqu'il est soumis à de fortes pressions, le magma peut contenir des quantités importantes de gaz carbonique dissous, tout comme la boisson gazeuse lorsque la bouteille est bouchée. Quand la pression diminue, comme cela s'est produit lorsque le flanc nord du mont Saint Helens s'est affaissé, le magma ne peut plus retenir les gaz et il se met à bouillonner. Si la pression est vraiment très grande, les bulles de gaz crèvent avec la force d'une explosion.

L'Islande
À cheval sur le rift

T'es-tu déjà retrouvé avec un pied sur un quai et l'autre dans une chaloupe qui s'en éloigne ? Pas évident ! Eh bien, l'Islande tout entière est dans une position semblable, car elle est située au sommet de la dorsale qui constitue le point de jonction des plaques nord-américaine et eurasienne, juste au-dessus d'un point chaud du manteau terrestre. Ces deux plaques s'éloignent l'une de l'autre, ce qui entraîne une augmentation de la tension jusqu'à ce que, crac ! la Terre se fracture et que des gaz remontent des profondeurs. De la vapeur et de la lave jaillissent souvent par des failles, dans les champs et les montagnes d'Islande, et le sol est fréquemment secoué par des séismes.

À LA RESCOUSSE !

*D*rrring ! À deux heures, la nuit du 23 août 1973, la sonnerie du téléphone réveille le maire de l'île de Heimaey, au large des côtes de l'Islande. «Il y a un incendie !» entend-il crier au bout du fil.

Le maire jette un coup d'œil dehors, pour se rendre compte que ce n'est pas un incendie, mais bien une éruption volcanique !

À 13 km de la ville, la Terre s'est ouverte. Une longue faille s'est formée, et de la lave incandescente en jaillit à 150 m de hauteur. Une fine cendre noire se répand sur la ville, et une langue de lave épaisse coule vers les maisons. Il faut agir, et vite !

À huit heures ce matin-là, la plupart des habitants de Heimaey ont réussi à se réfugier sur la grande île en traversant avec de petits bateaux, malgré la mer déchaînée.

Environ 300 personnes sont restées sur place, dans l'espoir de sauver la ville. Mais que peuvent faire ces gens contre la fureur d'un volcan? La lave brûle ou ensevelit les maisons qu'elle rencontre sur son passage. Elle menace même d'obstruer le port, qui est au cœur de la vie économique de la ville.

Puis un scientifique propose une solution: arroser la lave avec de l'eau froide! Si la roche en fusion peut ainsi se refroidir et durcir, alors la lave cessera d'avancer.

Les gens installent immédiatement des lances à incendie alimentées directement par de l'eau de mer. Ils dirigent les jets vers l'avant de la coulée de lave.

Une croûte se forme et les hommes peuvent s'avancer sur la coulée et arroser la lave un peu plus loin. C'est une entreprise périlleuse. La lave en fusion bouillonne encore sous la croûte nouvellement formée, et des boules de lave de la grosseur d'un ballon de football, appelées «bombes volcaniques», risquent à tout moment de leur tomber sur la tête.

Pendant des semaines, les habitants de Heimaey combattent le volcan. Puis, juste au moment où la lave semble sur le point d'obstruer le port, le flot s'arrête. La flotte de pêche de Heimaey est demeurée intacte. Avec son nouveau rempart de roche volcanique, le port fournit même un abri plus sûr qu'auparavant.

Vlan Ssss! Boum!

Des éclairs zigzaguent à travers une gigantesque colonne de vapeur et de cendres au-dessus d'une île qui est en train de naître au milieu des vagues grises de l'océan Atlantique. Au large des côtes de l'Islande, la petite île de Surtsey est apparue à la surface de la mer en 1963 et a continué de croître jusqu'en 1967. Sa naissance était accompagnée d'énormes explosions de vapeur causées par le contact du magma, qui provenait du plancher océanique, avec l'eau froide de l'océan.

Le point chaud d'Hawaii

Tu t'es sûrement déjà chamaillé avec ton frère ou ta sœur. Eh bien, ce n'est rien du tout par rapport aux querelles de famille que relate une légende hawaiienne. C'est l'histoire de Pélé, la reine du feu et des volcans, et de sa sœur Namakaokahai, la reine de la mer.

Des jets de lave jaillissent d'un volcan hawaiien actif.

V a-t'en! » hurle Namakaokahai à sa sœur Pélé. Chacune des deux divinités veut être plus puissante que l'autre. Les deux sœurs se querellent souvent pour savoir laquelle est la plus forte. Mais cette bataille est sans issue. Les deux sœurs se disputent jusqu'à ce que Pélé rassemble sa famille dans des embarcations et que, tous ensemble, ils prennent la mer.

La déesse des volcans navigue pendant plusieurs semaines dans le sud du Pacifique. Enfin, elle décide de s'ériger une nouvelle demeure au milieu de l'immensité bleue de l'océan. BRRROM! Elle pose le pied au fond de l'océan, puis y plante sa baguette magique, nommée Pa'oa. La lave jaillit et l'île hawaiienne nommée Kauai pousse jusqu'à la surface de l'eau.

Pélé vit ensuite heureuse pendant un certain temps. Mais Namakaokahai n'a pas abandonné la partie. Le visage tordu de rage, la reine de la mer attaque la nouvelle demeure de sa sœur. D'énormes vagues s'abattent sur les côtes de Kauai et inondent les terres. La rencontre de l'eau froide de la mer avec les feux de Pélé provoque des colonnes de vapeur et des explosions de rochers.

Une fois de plus, Pélé déménage. Non loin de Kauai, elle plante de nouveau sa baguette Pa'oa dans le plancher océanique. Un autre volcan surgit, donnant naissance à l'île d'Oahu. Très contente, Pélé s'installe avec sa famille dans les collines verdoyantes de l'île. Mais cette accalmie ne pouvait pas durer.

— Je vais me débarrasser de toi pour toujours! lui lance Namakaokahai en faisant s'abattre sur Oahu de formidables tempêtes.

— Tu n'y arriveras jamais! répond Pélé.

Mais, encore une fois, la mer éteint les feux de Pélé, obligeant la déesse des volcans à déménager.

Pélé crée ainsi successivement les îles hawaiiennes de Lanai, Molokai et Maui. Dans chaque nouvelle demeure, la déesse des volcans mène une existence paisible avec sa famille, jusqu'à ce que Namakaokahai réapparaisse. Lorsque la déesse de la mer attaque la demeure que Pélé s'est érigée sur Maui, la déesse des volcans est sur le point d'abandonner la partie. Mais elle décide de tenter sa chance encore une fois.

Au sud-est de Maui, Pélé plante Pa'oa dans le plancher océanique, donnant naissance à deux volcans. La grande île nommée Hawaii voit le jour.

— Regarde! Je possède encore toute ma puissance! dit-elle d'un ton de défi.

Namakaokahai doit bien se rendre à l'évidence. Elle jette un regard sur les magnifiques montagnes de la grande île d'Hawaii avant de battre en retraite dans les profondeurs de l'océan.

Depuis, Pélé reste sur la grande île d'Hawaii, où sa lave coule des cratères de Kilauea et de Mauna Loa. Et les habitants de l'île paient un tribut à la déesse qui règne sur la puissance du feu.

Hawaii aujourd'hui

L'histoire de Pélé est une grande légende que les Polynésiens ont été les premiers à raconter, après leur arrivée à Hawaii il y a 1 300 ans environ. C'est un mythe, mais c'est aussi une description étonnamment exacte de l'ordre dans lequel les îles de l'archipel se sont formées. Ces premiers habitants, qui étaient de fins observateurs de la nature, avaient remarqué que certaines îles avaient subi des siècles d'érosion, alors que d'autres étaient encore recouvertes de roches pleines d'aspérités et abritaient des volcans actifs.

Actuellement, les scientifiques expliquent la naissance des îles de l'archipel hawaiien par l'existence d'un point chaud : un endroit où la croûte terrestre est percée par des giclées de roche en fusion provenant du manteau. En glissant au-dessus de ce point chaud, la plaque du Pacifique a été transpercée par la chaleur, comme si ça avait été une plaque de métal percée par un chalumeau. Le point chaud demeure toujours au même endroit ; c'est la plaque qui bouge. Chaque nouveau trou (et, par conséquent, chaque île volcanique qui en résulte) se forme un petit peu plus loin sur la chaîne des volcans.

Les îles de l'archipel hawaiien appartiennent à une immense chaîne sous-marine qui comprend 80 grands volcans. Au sud-est de la Grande île, le sommet sous-marin de Loihi est de formation récente. Les géologues croient que, un jour, Loihi s'élèvera du fond océanique et donnera naissance à une nouvelle île.

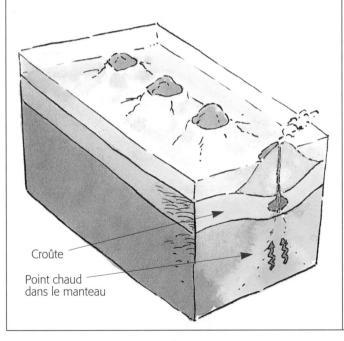

Croûte

Point chaud dans le manteau

Déforme une plaque

En transperçant la plaque du Pacifique, le magma a donné naissance aux îles de l'archipel hawaiien. Voici une expérience qui te permettra de reproduire en quelques minutes ce processus qui dure depuis des siècles.

Il te faut :

- des ciseaux
- une assiette de polystyrène
- du papier d'aluminium
- un crayon bien taillé

1. Découpe le fond de l'assiette de polysty-rène de façon à obtenir un cadre. Tends du papier d'aluminium sur le cadre et rabats-le soigneusement sur les quatre côtés.

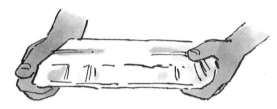

2. Demande à un ami de tenir le crayon, la mine vers le haut, et de le pousser vers le haut chaque fois que tu nommes une île. Quant à toi, tu dois déplacer ton plateau d'aluminium lentement de la gauche vers la droite, juste au-dessus de la pointe du crayon, et réciter en même temps les noms des îles de l'archipel hawaiien: Kauai, Oahu, Lanai, Molokai, Maui et Hawaii.

La pointe du crayon doit perforer le papier d'aluminium, tout comme le magma transperce la croûte terrestre. Les trous représentent des volcans qui forment un chapelet d'îles.

Qu'est-ce qui sort de là ?

Un volcan est un véritable monstre rugissant : il vomit de la lave, exhale des gaz brûlants et crache de la roche.

Des bombes volcaniques

Les « bombes volcaniques » sont des masses de magma qui refroidissent et durcissent pendant leur trajectoire dans les airs. La présence de rainures disposées en spirale à la surface de certaines de ces bombes produit un sifflement au passage de l'air. La plupart des bombes volcaniques sont de la grosseur d'un œuf, mais certaines peuvent atteindre la taille d'un ballon de football.

Une coulée de type aa *(en haut) est en train de recouvrir une coulée de lave de type* pahoehoe *(en bas).*

De la lave

Lorsque le magma émerge des profondeurs de la Terre, il prend le nom de « lave ». C'est de la roche fondue (on dit « en fusion »), dont la température est extrêmement élevée : entre 800°C et 1 200°C. Malgré cela, les gens sont rarement blessés par la lave, car celle-ci coule généralement assez lentement pour qu'on puisse se sauver avant son passage. Il y a deux types de lave, dont les noms hawaiiens sont *aa*, désignant une lave qui devient raboteuse et pleine d'aspérités en refroidissant, et *pahoehoe*, désignant une lave qui forme des plis à surface lisse en refroidissant. Il est difficile de marcher sur le premier type de lave. Mais si on le fait sur le deuxième type, ce peut être comme de marcher sur un trottoir.

Des blocs de roche volcanique

Les explosions des volcans projettent parfois de grandes masses rocheuses dans les airs. Ces blocs de lave, qu'on appelle « blocs volcaniques », peuvent avoir la grosseur d'une maison.

De la poussière et de la cendre

Les volcans qui explosent avec une forte pression projettent de fines particules de poussière et de cendre dans l'atmosphère. Ces particules sont ensuite transportées par le vent, très souvent sur des distances considérables. Si la quantité de particules est assez grande et que celles-ci sont projetées assez haut dans le ciel, elles peuvent former un nuage qui fait le tour de la Terre. Ce nuage est invisible à l'œil nu; à long terme, il provoque néanmoins des modifications du climat.

De la lave vitrifiée

Dans leur trajectoire de la bouche du volcan vers le sol, les petites gouttes de lave se transforment parfois en gouttelettes ou en minces filaments vitreux. Dans l'archipel hawaiien, les gouttelettes s'appellent « larmes de Pélé », d'après le nom de la déesse des volcans, Pélé. Tu devines déjà comment s'appellent les filaments: les « cheveux de Pélé ».

De la pierre ponce

La lave qui refroidit en gardant prisonnières des bulles d'air donne de la pierre ponce. À cause de la quantité d'air qu'elle contient, la pierre ponce est souvent assez légère pour flotter dans l'eau. Des marins aventureux auraient déjà navigué sur des radeaux de pierre ponce.

Lave à croquer

Cette friandise ressemble à s'y méprendre à de la pierre ponce. Mais elle fond beaucoup mieux sous la dent!

Il te faut:
- un moule à gâteau
- du beurre ou de la margarine
- 2 c. à s. de sirop de maïs
- 50 g de sucre
- une casserole en métal à fond épais
- 1 c. à s. de bicarbonate de soude
- une cuillère en bois

Attention! Demande à un adulte de t'aider à utiliser la cuisinière et n'oublie pas de mettre des mitaines de four.

1. Enduis le moule de beurre ou de margarine.

2. Mélange le sirop de maïs et le sucre dans la casserole. Fais cuire à feu moyen-doux, en remuant constamment, jusqu'à ce que la lave soit en ébullition. Laisse bouillir pendant sept minutes, en remuant fréquemment. Le mélange doit garder une belle couleur dorée.

3. Retire la casserole du feu et ajoute le bicarbonate de soude. Remue énergiquement jusqu'à ce que la lave ait l'apparence d'une mousse. En grattant les parois de la casserole avec la cuillère en bois, verse la lave dans le moule.

4. Ne touche pas la lave à croquer avant qu'elle soit complètement refroidie. Casse-la en morceaux et déguste-la!

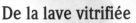

Des portraits de famille

Si on te demandait de dessiner un volcan, dessinerais-tu une montagne en forme de cône?

C'est ce que font la plupart des gens.

Pourtant la forme et la taille des volcans varient beaucoup. En effet, un volcan, ce peut être tout endroit de la Terre où de la roche en fusion, après avoir traversé la croûte terrestre, suinte, gicle, se répand ou explose. Suivant que la lave est plus ou moins épaisse (on parle de degré de «viscosité» de la lave), le volcan prendra l'une des formes ci-contre.

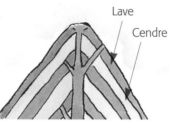

Lave

Cendre

Volcans composites ou strato-volcans

Ce type de volcans contient de la lave épaisse qui explose avec une grande force. Des couches de lave et de cendres, qui se sont déposées en alternance à l'occasion d'éruptions successives, forment un cône élevé et à la pente abrupte. Le mont Saint Helens et le Vésuve sont de ce type.

Cendres et roches

Cônes de cendres

Ces volcans ont un cône moins élevé que les précédents et sont composés de cendres mêlées de fragments rocheux. Le Paricutin, né en 1943 (voir à la page 4), était un cône de cendres.

Couches de lave

Volcans-boucliers

Ce type de volcans se forme lorsque de la lave fluide s'écoule sur une vaste surface. Leurs cônes sont très étendus et présentent souvent plusieurs cheminées secondaires. Le Mauna Loa est un volcan-bouclier.

Danger : volcan à l'œuvre !

Si la lave, dont l'écoulement est généralement lent, est rarement dangereuse, les explosions volcaniques, par contre, peuvent être meurtrières. Certains volcans crachent de grandes quantités de roches incandescentes mélangées à des gaz qui, comme une avalanche, dévalent les pentes à des vitesses de 100 km/h ou plus. C'est ce que les volcanologues appellent des «coulées pyroclastiques» (du grec, «brisé par le feu»). Les nuages de gaz et de cendres que

Lave en fusion s'écoulant sur les flancs d'un volcan hawaiien.

crache un volcan dans les airs peuvent atteindre des vitesses supérieures à celles des coulées pyroclastiques. On appelle ces nuages «projections pyroclastiques» ou «nuées ardentes». Les habitants de Pompéi et du village voisin d'Herculanum ont été tués par les nuées ardentes du Vésuve (pour en savoir plus, voir à la page 28).

Les coulées de boue, qu'on appelle également «lahars», représentent un autre danger. En 1985, le volcan colombien Ruiz, en Amérique du Sud, a craché un nuage de cendres chaudes mêlées de rocs qui a fait fondre la neige à son sommet. L'eau de la fonte des neiges s'est mêlée aux cendres volcaniques et a donné une espèce de mélange semblable à du béton frais. Ce fleuve de boue s'est déversé sur la ville d'Armero, située à 58 km de là. Environ 22 000 personnes y ont perdu la vie, emportées par le flot de boue.

Véhicule presque enseveli sous une coulée de boue.

Les volcans et le climat terrestre

Lorsqu'une explosion volcanique projette des gaz et des cendres à de grandes hauteurs dans l'atmosphère terrestre, des modifications du climat à la surface de la Terre peuvent en résulter. Près du volcan, des nuages de poussière peuvent obscurcir le ciel et former un écran qui bloque la lumière du soleil. Loin du volcan, les cendres transportées par le vent peuvent causer des baisses anormales de la température. Les particules de cendre filtrent la lumière du soleil, ce qui crée des levers et des couchers de soleil aux couleurs étranges.

La formidable éruption du mont Tambora en Indonésie, en 1815, a été suivie d'une « année sans été ». Dans certaines parties des États-Unis, il a neigé en juillet, et les récoltes ont gelé sur pied.

Lorsque, en Indonésie en 1883, le Krakatoa a explosé en miettes, le bruit de la déflagration s'est fait entendre jusqu'en Australie. Les nuages de poussière et de gaz du Krakatoa ont encerclé la Terre. En Europe, les habitants regardaient avec curiosité la lune bleue et le soleil vert.

Aux Philippines, le mont Pinatubo a projeté des cendres et des gaz dans l'atmosphère, lors de son éruption en juin 1991. À la fin de juillet, les particules du Pinatubo avaient fait le tour de la Terre. Les scientifiques procèdent à des mesures minutieuses afin de déterminer si les substances chimiques contenues dans les gaz volcaniques peuvent endommager la couche d'ozone, qui nous protège des rayons ultraviolets du soleil.

Fabrique un volcan

Ce volcan en papier mâché peut entrer en éruption plusieurs fois de suite, comme un vrai volcan.

La montagne

Il te faut :

- du papier d'aluminium
- une petite bouteille de jus, vide
- de l'eau
- une tasse à mesurer
- un bol
- de la farine
- du papier journal
- du papier ordinaire
- de la peinture (gouache ou acrylique)
- un pinceau

1. Bouchonne une feuille de papier d'aluminium autour de la bouteille de jus de manière à former le cône volcanique. Replie le papier d'aluminium dans le goulot de la bouteille.

2. Verse 750 ml d'eau dans le bol. Ajoute de la farine par petites quantités successives jusqu'à ce que le mélange ait la consistance d'un yogourt.

3. Déchire le papier journal en bandelettes d'environ 5 cm sur 15 cm. Trempe les bandelettes dans le mélange de farine et colle-les sur le cône d'aluminium.

4. Replie les bandelettes dans le goulot de la bouteille, sans boucher celui-ci, cependant. Recouvre ton volcan d'environ quatre couches de papier journal, en disposant les bandelettes dans tous les sens. Laisse-le sécher pendant plusieurs jours.

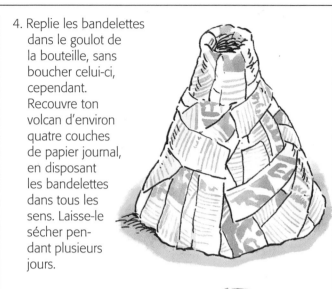

5. Recouvre ton volcan avec une couche de bandelettes de papier ordinaire trempées dans un mélange frais de farine et d'eau. (Ainsi, le texte du papier journal ne transparaîtra pas à travers la peinture.) Laisse sécher cette dernière couche pendant un ou deux jours.

6. Peins la montagne. Si tu utilises de la gouache, laisse-la sécher, puis recouvre-la de vernis translucide.

L'éruption

Il te faut :

- une grande lèchefrite ou une plaque à pâtisserie à bords relevés
- un entonnoir
- 2 c. à t. de bicarbonate de soude
- un petit bol
- du savon liquide pour la vaisselle
- du colorant alimentaire rouge
- 125 ml de vinaigre

1. Dépose ta montagne de papier mâché au milieu de la lèchefrite ou de la plaque à pâtisserie.

2. Avec l'entonnoir, verse le bicarbonate de soude dans la bouteille.

3. Dans le petit bol, mélange quelques gouttes de savon liquide pour la vaisselle, le colorant alimentaire et le vinaigre. Remue un petit peu.

4. Avec l'entonnoir, verse le mélange à base de vinaigre dans la bouteille.

5. Tiens-toi un peu en retrait pour regarder ton minivolcan.

6. Après l'éruption, nettoie ton volcan sous le robinet et laisse-le sécher jusqu'à la prochaine utilisation.

Ton modèle réduit de volcan est différent d'un vrai en plusieurs points. Peux-tu les énumérer ?

Pompéi
La ville ensevelie

En cette nuit du 23 août de l'an 79 avant Jésus-Christ, les habitants de la ville romaine de Pompéi dorment paisiblement. Ce jour-là, ils ont célébré la fête de Vulcain, le dieu du feu. Certains ont bien remarqué qu'un filet de vapeur s'échappait du Vésuve, un volcan situé non loin de la ville, mais personne ne s'est inquiété de ce signe avant-coureur.

Le lendemain matin, les habitants de Pompéi entreprennent une journée qui leur réserve une surprise mortelle...

Plusieurs heures après le lever du soleil, le ciel est encore sombre. Puis une cendre grise s'abat sur la ville. Le Vésuve entre en éruption !

La pluie de cendres devient de plus en plus dense ; elle obstrue le passage dans les rues et fait s'effondrer les toitures. Les gaz sulfureux qui s'échappent du volcan remplissent l'air de leur odeur d'œufs pourris. Des fragments rocheux tombent du ciel.

Des gens se protègent la tête avec des coussins et s'enfuient de la ville en courant. D'autres prennent la mer ; eux seuls vont être sauvés. Ici, des familles se réfugient dans la cave de leur maison ou tentent de sauver leurs biens. Là, une fillette essaie d'amener son cheval dans un endroit sûr.

Soudain, des cendres et des gaz extrêmement chauds envahissent la ville, tuant tous les êtres vivants qui se trouvent sur leur passage.

La cendre ensevelit finalement toutes les victimes et leur ville. En un seul jour, la florissante ville romaine de Pompéi a disparu.

L'excavation de Pompéi

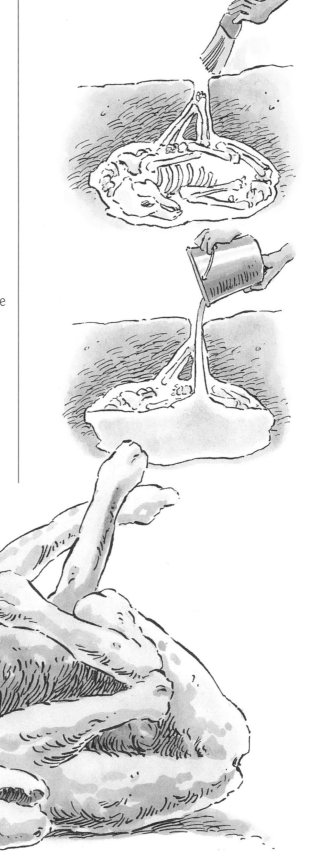

Presque 2 000 ans plus tard, en 1860, le roi d'Italie demande à l'archéologue Giuseppe Fiorelli de prendre la direction des fouilles de Pompéi. En dégageant les couches de cendres et de pierre ponce, les membres de l'équipe de Fiorelli découvrent de drôles de cavités. Ces vides ont exactement la forme des corps des habitants et des animaux morts lors de l'éruption. Les familles étaient blotties toutes ensemble. Un chien de garde s'était fait prendre à son poste. La fillette et son cheval avaient été figés dans leur mouvement de fuite. Les corps s'étaient complètement désintégrés, et seuls les os restaient dans les cavités.

Fiorelli veut préserver ces découvertes spectaculaires. Il invente donc une méthode pour ouvrir ces cavités sans les détruire et les remplir ensuite de plâtre. Aujourd'hui, à la place de ces creux, nous pouvons voir des répliques en trois dimensions des victimes de l'éruption. La méthode de Fiorelli a également été utilisée pour obtenir des moulages de meubles, d'arbres, d'animaux tués par l'explosion.

LES TrEMBLEI

Par une froide soirée du mois de mars à Anchorage, en Alaska, Anne Thomas, huit ans, regarde la télévision avec sa mère et son jeune frère, David, dans leur maison qui surplombe l'océan. Soudain, ils entendent un grondement dans le lointain. Anne et David sont intrigués, mais leur maman a déjà entendu ce bruit auparavant. « Un tremblement de terre ! » crie-t-elle.

Sans même prendre le temps de se chausser, Anne se précipite avec toute sa famille hors de la maison, dans la neige. Puis les secousses commencent. Toute la famille est jetée par terre. Du banc de neige où elle est étendue, Anne voit leur maison se faire couper en deux. De terribles bruits de verre cassé et de bois fendu les entourent. Tout le coteau s'est effondré et glisse vers la mer.

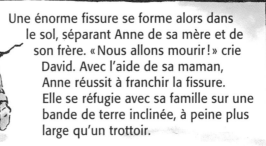

Une énorme fissure se forme alors dans le sol, séparant Anne de sa mère et de son frère. « Nous allons mourir ! » crie David. Avec l'aide de sa maman, Anne réussit à franchir la fissure. Elle se réfugie avec sa famille sur une bande de terre inclinée, à peine plus large qu'un trottoir.

Anne n'a pas encore réussi à reprendre son souffle quand la petite bande de terre l'entraîne, avec sa famille, dans une folle descente, jusqu'au pied de la falaise qui est en train de s'écrouler.

Puis, pendant quinze minutes, Anne et les membres de sa famille escaladent d'énormes blocs de terre et de neige. Dans un dernier effort, Anne essaie de grimper à un arbre, mais elle n'est pas rendue bien haut quand elle se met à glisser jusqu'au bas. Le faîte de la falaise est toujours hors de portée. Ce mauvais rêve va-t-il avoir une fin ?

ENTS DE TERRE

Puis c'est le miracle ! Les Thomas voient un homme qui les regarde du haut de la falaise. Ils crient et font des signes de la main, mais l'homme disparait.

Après un temps qui leur semble une éternité, l'homme revient avec de l'aide. Un des sauveteurs descend la falaise. Il enveloppe Anne dans sa veste et prend David dans ses bras. Tous ensemble, avec la maman d'Anne, ils gravissent la pente abrupte. Les gens qui les attendent au sommet les aident à se hisser jusqu'en haut. Ils sont saufs !

Pendant une semaine, Anne garde sur les épaules la veste de son sauveteur. Elle veut se rappeler qu'elle a survécu à l'un des pires séismes que la Terre ait connu.

La maison des Thomas faisait partie des nombreuses maisons détruites lors du tremblement de terre d'Anchorage.

Le gigantesque tremblement de terre qui a frappé l'Alaska le 27 mars 1964 a détruit des villes entières et déclenché de nombreuses avalanches. Il a aussi causé un tsunami, c'est-à-dire un raz de marée. La vie des habitants de Port Alberni, en Colombie-Britannique, a été bouleversée quand, quatre heures et demie après le séisme d'Anchorage, leur ville a été inondée sous 7 m d'eau. Plus tard ce jour-là, le tsunami s'est abattu sur les côtes de la Californie et d'Hawaii. L'énergie développée par le séisme s'est également répandue sur une très grande distance dans le sol. Ainsi, lorsque les ondes du séisme ont atteint la Floride, à l'opposé du continent, le sol s'est soulevé de 6 cm avant de revenir à sa position initiale.

La puissance des séismes

Depuis la violente secousse jusqu'aux petits tremblements, la Terre est, tous les jours, secouée par plus d'un millier de séismes. La plupart ne sont que de petits tressautements, si faibles que tu peux même penser que ce n'est que l'effet du passage d'un gros camion. Mais, chaque année, quelques fortes secousses réussissent à abattre de grands immeubles et à provoquer des glissements de terrain et des inondations. Elles sont parfois suivies d'un tsunami, ce qui ajoute encore au désastre.

Même si on les appelle aussi « raz de marée », les tsunamis n'ont aucun rapport avec les marées. Ce sont des vagues titanesques qui parcourent l'océan à des vitesses atteignant 800 km/h et dont la hauteur peut atteindre les 20 m. La plupart des tsunamis surviennent dans l'océan Pacifique, où ils sont provoqués par les éruptions et les séismes sous-marins de la Ceinture de feu (voir à la page 15).

Lorsqu'ils s'abattent sur les rives continentales, les tsunamis peuvent être horriblement dévastateurs. Des millions de tortues de mer ont été tuées au Nicaragua, en 1992, par un important tsunami qui a balayé leur territoire de reproduction. La gigantesque éruption du Krakatoa, en Indonésie, en 1883, était accompagnée de séismes et d'énormes vagues qui ont inondé les îles voisines et détruit plusieurs villages. Au moins 36 000 personnes ont péri. Le plus grand tsunami que la Terre ait connu de mémoire d'homme s'est abattu sur les îles Ryūkyū, au large des côtes du Japon, en 1971. La vague était presque aussi haute qu'un immeuble de neuf étages.

Un tsunami qui s'est abattu sur Seward, en Alaska, a laissé derrière lui un tas de bateaux, de camions et de maisons entremêlés.

La mesure d'une secousse

Pour connaître la force d'un séisme, les scientifiques utilisent un sismographe. Lorsqu'un séisme secoue le sol, un style (une sorte de crayon) rattaché à un poids enregistre la secousse en dessinant une ligne en zigzag sur une bande de papier qui se déroule. Plus le sol tremble, plus le style bouge et inscrit de grands zigzags. L'enregistrement obtenu s'appelle un « sismogramme ».

En 1935, le géologue Charles Richter a inventé une échelle qui donne à chaque séisme une cote (ou magnitude), basée sur la hauteur de son plus grand zigzag obtenu sur le sismogramme. Chaque nombre de l'échelle de Richter représente un séisme dix fois plus fort que celui enregistré au niveau précédent. Par exemple, un séisme qui mesure 7,2 à l'échelle de Richter secoue le sol dix fois plus qu'un séisme de 6,2 et cent fois plus qu'un séisme de 5,2. Peux-tu calculer combien de séismes de magnitude 4 il faut pour obtenir une vibration équivalente à un séisme de magnitude 7? (Tu trouveras la réponse à la page 47.)

Étant donné que l'échelle de Richter n'est pas fonctionnelle au-delà d'une magnitude de 7,5, les sismologues utilisent aujourd'hui d'autres méthodes pour mesurer la puissance des séismes. À l'aide des ordinateurs, ils peuvent calculer les dimensions des failles et l'ampleur des mouvements de faille. Le plus gros tremblement de terre mesuré de cette façon a eu lieu au Chili, en 1960. Sa magnitude atteignait 9,5!

Parlons « séisme »!

Les secousses d'un tremblement de terre s'appellent des « ondes sismiques ». Les scientifiques qui étudient les séismes s'appellent des « sismologues ». Ils mesurent les secousses avec des « sismographes ». Tous ces mots viennent du mot grec *seismos*, qui signifie « tremblement ».

Ressort

Style

Poids

Papier enroulé autour d'un cylindre rotatif

Assise rocheuse

Tout ce que tu as toujours voulu savoir...

Le phénomène des séismes est compliqué. Avec le temps, les sismologues ont compris comment et où se produisent les séismes, mais ils ne peuvent toujours pas répondre à une question importante : quand un séisme va-t-il se déclencher ?

Pourquoi les séismes se produisent-ils ?

Les grands morceaux qui forment la croûte terrestre, qu'on appelle « plaques tectoniques », sont constamment en mouvement.

Aux endroits où deux plaques glissent en sens inverse l'une de l'autre en se frottant, la roche se fait comprimer, plier et étirer. D'énormes tensions s'accumulent.

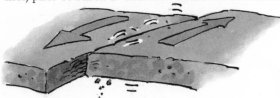

La roche finit par se rompre et les plaques retombent dans une nouvelle position. L'énergie qui est subitement libérée engendre des ondes sismiques qui se répandent dans toutes les directions à partir du point de fracture.

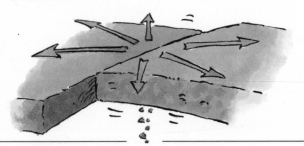

Imite l'effet d'un séisme

Si tu veux bien comprendre le phénomène des séismes, essaie l'expérience qui suit.

Il te faut :
- deux feuilles de papier de verre
- deux morceaux de bois
- un marteau et plusieurs clous

1. Enroule le papier de verre autour des morceaux de bois et fixe-le solidement à l'aide du marteau et des clous.

2. Place les morceaux de bois l'un contre l'autre. Maintenant, essaie de les faire glisser, l'un vers l'avant et l'autre vers l'arrière.

Que se passe-t-il ? Les granules du papier de verre sont comme des morceaux de rochers le long de la profonde fissure, ou ligne de faille, qui sépare deux plaques tectoniques. Ils empêchent les plaques de glisser, jusqu'à ce que la force que tu exerces devienne trop forte. Alors, ils font une petite avancée. Dans les zones sujettes aux séismes, des mouvements subits des plaques libèrent de grandes quantités d'énergie, ce qui provoque des tremblements de terre.

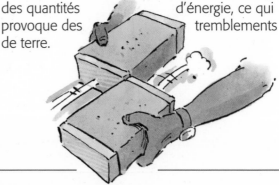

Où les séismes se produisent-ils ?

Les séismes se déclenchent généralement aux points de rencontre de deux plaques tectoniques. En certains de ces points, qu'on appelle «failles», comme au large des côtes du Japon, une plaque sous-marine plonge sous une plaque continentale qui est plus légère. Ailleurs, les deux plaques entrent

en collision. C'est ce qui se passe au nord de l'Inde et au Tibet, où la collision entre deux plaques tectoniques est à l'origine de la formation de l'Himalaya et du déclenchement  de nombreux séismes. Les tremblements de terre surviennent également dans les zones de rift, comme en Afrique orientale, où deux plaques s'éloignent l'une de l'autre.

En certains endroits, deux plaques glissent en sens inverse l'une de l'autre. Par exemple, la plaque du Pacifique glisse en direction nord contre la plaque nord-américaine, le long de la faille de San Andreas, en Californie. En 1906, les deux côtés de la faille ont bougé, ce qui a provoqué un séisme dévastateur à San Francisco. Un témoin oculaire en a donné la description suivante : «Il y a eu un fort grondement, sourd et terrifiant. Puis je l'ai vu arriver par la rue Washington, qui était parcourue de vagues. On se serait cru au bord de la mer.»

San Francisco a encore été secouée par un séisme important en 1989. Au moment même où les séries mondiales de baseball allaient commencer, le commentateur a dit : «Mon Dieu! Un tremblement de terre!» Le stade a été ébranlé, mais personne n'a été blessé. Par contre, d'autres parties de la ville ont été gravement touchées. Des sections d'autoroutes se sont effondrées et de vieux immeubles construits sur des sols meubles se sont écroulés. Mais les immeubles récents et les ponts bien construits, comme le Golden Gate, ont tenu le coup.

Les Californiens ont été secoués une fois de plus quand un séisme a frappé la ville de Los Angeles en janvier 1994. La secousse, d'une durée de 40 secondes, a tué 60 personnes et causé des milliards de dollars en dommages aux immeubles résidentiels et commerciaux et aux autoroutes. Pendant les mois qui ont suivi, les habitants de la ville ont dû affronter des embouteillages continuels pour se rendre à leur travail.

Les éruptions volcaniques et les séismes surviennent souvent aux mêmes endroits parce que les deux phénomènes sont causés par la rencontre de deux plaques tectoniques.

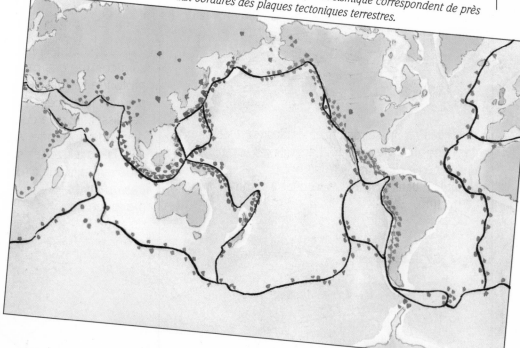

Les zones d'activité volcanique et sismique correspondent de près aux bordures des plaques tectoniques terrestres.

Naissance d'un séisme

Un séisme a toujours un foyer d'origine, c'est-à-dire un point où le roc qui subit des tensions se fracture et change de position. Ce point peut être à des profondeurs atteignant 700 km sous la surface du globe. À partir de ce foyer, les ondes sismiques se propagent dans toutes les directions : vers le haut, vers le bas et latéralement. Le point de la surface de la Terre qui est situé à la verticale du foyer d'un séisme s'appelle « épicentre ».

Épicentre

Les ondes sismiques perdent de leur intensité au fur et à mesure qu'elles s'éloignent de leur point d'origine. L'expérience présentée ci-contre illustre pourquoi la plupart des dommages causés par les séismes se rencontrent à l'épicentre ou dans ses environs.

Il te faut :

- des dominos ou de petits blocs rectangulaires
- une boîte en carton

1. Avec les blocs ou les dominos, construis une maison sur le dessus de la boîte, près d'un bord. Puis construis une autre maison identique, près du bord opposé.

2. Frappe le dessus de la boîte plusieurs fois en un point qui est proche de l'une des maisons. Laquelle des deux maisons s'écroule la première ?

Propagation d'un séisme

Place ton oreille à un bout d'une table de bois. Demande à un ami de frapper légèrement sur la table, à l'autre bout. Qu'entends-tu ? De façon tout à fait similaire à la propagation des ondes sonores dans la table vers ton oreille, les ondes sismiques se propagent à travers la Terre.

Certaines ondes sismiques, appelées « ondes de surface », se propagent à la surface de la Terre. Ces ondes peuvent causer de graves dommages lorsqu'elles frappent des villes. D'autres ondes, appelées « ondes de fond primaires et secondaires » se propagent à l'intérieur de la planète. Les ondes primaires (ondes P) se déplacent plus vite que les ondes secondaires (ondes S) et peuvent même atteindre le noyau externe qui est liquide. Une onde P prend environ 20 minutes pour se propager d'un côté à l'autre de la Terre. Les ondes S sont plus lentes et ne peuvent se propager que dans du roc qui est à l'état solide. En comparant les vitesses et les voies de propagation des ondes P et des ondes S, les scientifiques ont appris à mieux connaître l'intérieur de la Terre.

Si tu veux te rendre compte de la façon dont les ondes de fond se propagent, tu as besoin d'un ressort Slinky et d'une corde à sauter.

1. Étire le ressort Slinky par terre. Tiens-en une extrémité et demande à un ami de tenir l'autre. Avec des mouvements rapides, tire et pousse le ressort . Vois-tu les vagues qui se propagent le long du ressort Slinky lorsque l'énergie se déplace d'une extrémité à l'autre ? Une onde P se propage dans le sol un peu de la même façon. L'énergie sismique comprime et étire la roche, tout comme tes mouvements compriment et étirent les anneaux du ressort.

2. Demande à un ami de tenir l'une des extrémités d'une corde à sauter pendant que tu secoues l'autre extrémité avec des mouvements de bas en haut. Les points hauts et les points bas que tu vois se former sur ta corde ressemblent aux pics et aux creux d'une onde S. Vois-tu comment une onde S se propage de manière différente de l'onde P que tu avais créée avec ton ressort ?

3. Recommence l'expérience en construisant des maisons de styles différents et en frappant la boîte en des endroits différents. Les coups que tu donnes sur la boîte font naître des vibrations semblables aux secousses sismiques qui parcourent le sol. Dans les deux cas, les immeubles près du point d'origine de la secousse sont les plus touchés.

Solide mais pas rigide

La plupart des blessures dues à un séisme sont causées par la chute de débris et par les immeubles qui s'effondrent. Dans certaines parties du monde où les maisons sont construites avec des pierres ou des briques, même un séisme de moyenne importance peut blesser beaucoup de personnes. Pour prévenir le genre de catastrophes illustrées par les photos ci-dessous, les immeubles modernes sont conçus afin de résister aux tremblements de terre. Une maison bien construite avec une charpente de bois et une assise en béton demeure généralement intacte. Même de grands édifices à bureaux peuvent résister aux tremblements de terre lorsqu'ils sont construits avec des armatures d'acier qui peuvent ployer sans se rompre durant un séisme.

Haut : Les immeubles qui se sont effondrés pendant le tremblement de terre de 1906 à San Francisco ont fait des blessés et des morts. Bas : Il arrive que les immeubles modernes bougent, mais grâce aux nouvelles méthodes de construction, ils ne s'effondrent pas.

« Risque de séisme éle

Normalement, les sismologues ne peuvent pas prévoir les tremblements de terre. Dans de rares cas, cependant, ils peuvent donner un avertissement. Ainsi, les habitants de Haicheng, en Chine, ont été avertis cinq heures avant qu'un séisme ne frappe leur région. Comment? À cause d'une étrange série d'incidents.

P ar un glacial après-midi de janvier 1975, un groupe d'enfants patinent joyeusement sur un étang de Haicheng. Soudain, ils voient des grenouilles qui sautent par des trous dans la glace.

Les enfants se précipitent chez eux pour prévenir leurs parents. En route, ils voient des serpents morts sur la neige.

L'incident que les enfants rapportent à propos de l'étang gelé n'est pas le seul récit étrange qu'on raconte, cet hiver-là, à Haicheng.

Les gens remarquent que les animaux domestiques ont des comportements bizarres. Des chiens habituellement calmes jappent furieusement. Les canards et les poules caquettent et battent des ailes sans arrêt.

D'autres animaux semblent également troublés. Les rats sortent de leurs cachettes et filent à travers les rues.

Au zoo, les tigres et les lions arpentent leur cage avec anxiété. Un daim essaie de sauter par-dessus sa clôture et se casse la patte. Un panda se balance sans cesse, en se tenant la tête entre les pattes et en geignant très fort.

Tous ces étranges incidents sont rapportés aux experts en séismes. Ces derniers entendent aussi dire que de l'eau chaude sort en bouillonnant par les fissures d'un étang gelé et que des puits se remplissent d'un liquide mousseux et nauséabond. De leur côté, ils observent une lueur orangée dans le ciel, pendant la nuit. Et ils entendent des grondements de très mauvais augure.

, ce soir! »

Ces experts avaient déjà relevé plusieurs petites secousses dans la région. Puis, le 4 février, ils établissent qu'un important séisme est imminent. À l'heure du repas, le lendemain soir, ils font l'annonce suivante : « Un séisme de forte magnitude va probablement avoir lieu ce soir. Il est fortement recommandé à chacun de quitter sa maison et de sortir les animaux des étables. »

Afin d'empêcher les gens de rester à l'intérieur, des films sont projetés sur les places publiques.

Au moment où le premier film se termine, un éclair fend le ciel. Le tonnerre gronde et le sol se met à osciller comme une mer houleuse.

Haicheng est frappée par un séisme de 7,3 à l'échelle de Richter. La plupart de ses bâtiments, non conçus pour résister aux séismes, s'effondrent. Trente personnes qui avaient ignoré l'avertissement périssent. Mais, pour la première fois de tous les temps, un grand tremblement de terre a été prédit avec exactitude. Les enfants qui patinaient sur l'étang, et la plupart des autres habitants de Haicheng, ont eu la vie sauve.

Après cette réussite, les sismologues du monde entier ont cru qu'il serait dorénavant possible de prédire tous les séismes avec autant de précision. Mais ils se sont rendu compte que c'était beaucoup plus difficile que prévu. Chaque secousse se déroule de façon différente et la plupart ne donnent aucun signe avant-coureur. De nos jours, les géologues observent l'évolution de minuscules fissures dans le roc, le niveau des nappes phréatiques, le comportement des animaux et l'histoire des tremblements de terre. Un jour, ils seront peut-être en mesure de répondre à la question suivante : « Quand le prochain séisme se produira-t-il ? »

Les montagnes, les sources d'eau chaude sous-marines et les geysers

À l'automne 1835, un navire battant pavillon britannique et portant le nom de *Beagle* accoste dans le port de Valparaiso, au Chili. Sur son pont, un jeune homme de 25 ans, nommé Charles Darwin, scrute attentivement la côte montagneuse qui s'étire devant ses yeux.

Le jeune scientifique est dévoré par la curiosité. Il vient de faire la moitié du tour de la Terre pour voir cette contrée sauvage et magnifique.

Darwin part alors explorer les Andes. Il fend des rocs et des pierres et ramasse des fragments, en consignant ses observations dans un journal d'expédition.

À de hautes altitudes dans les Andes, Darwin fait une intéressante découverte : des plaques de rochers couvertes de coquillages fossiles. Que font donc ces créatures de la mer au sommet d'une montagne ?

À cette époque, on croyait généralement que la Terre n'avait que quelques milliers d'années et que son paysage était demeuré le même ou presque pendant toute cette période. Mais Darwin n'était pas d'accord avec cette idée. Il a déduit que les coquillages qu'il avait trouvés devaient provenir d'un fond marin qui avait été soulevé et que ce processus devait avoir duré des millions d'années. Darwin a écrit : « Rien, pas même le vent qui souffle dans le feuillage, n'est aussi instable que le niveau de l'écorce terrestre. »

Par la suite, Charles Darwin est devenu célèbre, à cause de sa théorie sur l'évolution des plantes et des animaux à la surface de la Terre. Mais il n'a jamais réussi à expliquer la présence de coquillages fossiles dans les hauteurs des Andes. Quelle force fabuleuse pouvait donc faire naître des montagnes à partir des fonds marins ?

Aujourd'hui, nous savons que les Andes, qui sont situées en Amérique du Sud, sont nées de la rencontre de deux plaques tectoniques. La plaque de Nazca, qui forme une grande partie du fond de l'océan Pacifique, glisse sous le continent sud-américain. Parce qu'elle est plus lourde, la plaque sous-marine plonge sous la plaque continentale, en faisant se plisser la bordure du continent. Les Andes sont un peu comme de gigantesques rides qui se sont formées dans le roc et qui pointent vers le ciel.

La formation des montagnes

Les géologues distinguent trois principaux types de montagnes.

Les montagnes dues à des plissements

Toutes les grandes chaînes de montagnes du monde, dont les Andes, les Rocheuses, les Alpes et l'Himalaya, résultent du froissement (ou du plissement) de l'écorce terrestre à l'occasion de la collision de deux plaques tectoniques.

Les montagnes dues à des effondrements et à des soulèvements

Certaines montagnes, comme le Grand Rift en Afrique orientale et la Sierra Nevada en Californie, sont nées lorsque des affaissements et des soulèvements se sont produits le long d'une ligne de faille dans l'écorce terrestre.

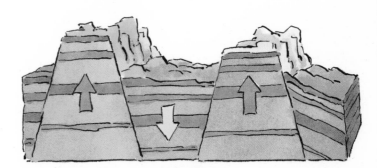

Les montagnes d'origine volcanique

Les éruptions volcaniques répétitives peuvent donner naissance à de grandes montagnes, comme le Mauna Loa de l'archipel hawaiien. Les montagnes volcaniques peuvent également se former au faîte de chaînes de montagnes résultant de plissements.

Reproduis un plissement montagneux

Pour mieux te rendre compte de ce qui se passe lorsque deux plaques tectoniques entrent en collision, tu n'as besoin que d'un chiffon J. Appuie tes mains à plat, à chacune des extrémités du chiffon, et ramène lentement tes mains l'une vers l'autre. Les boucles et les plis que tu vois se former représentent à petite échelle le résultat du processus qui a donné naissance aux imposantes chaînes de montagnes qui se dressent un peu partout sur la Terre.

Les sources d'eau chaude sous-marines

Voyage au fond des océans

En 1977, une équipe de scientifiques part explorer le monde mystérieux des fonds sous-marins. Les chercheurs s'attendent à découvrir des rochers et des minéraux, mais certainement pas des créatures vivantes qui ressemblent à des extraterrestres.

Au large des côtes de l'Amérique du Sud, l'équipe fait descendre au fond de l'océan un thermomètre et une caméra spéciale télécommandée.

Les scientifiques découvrent des endroits chauds dans les profondeurs glaciales de l'océan. Les images montrent des roches volcaniques à structure en coussins et, de façon tout à fait inattendue, des palourdes géantes.

Comment ces palourdes font-elles pour survivre dans un endroit où il n'y a pas de lumière et très peu à manger? Y a-t-il d'autres créatures dans ces profondeurs ténébreuses?

Dans le mini-sous-marin Alvin, trois scientifiques descendent à 2,5 km de profondeur, sur le plancher océanique.

Les phares d'Alvin transpercent l'eau d'un bleu sombre et laiteux et révèlent la présence de centaines de palourdes, de la grosseur d'un petit melon d'eau, accrochées à la roche noirâtre.

Les scientifiques venaient de découvrir une source d'eau chaude sous-marine, c'est-à-dire un geyser d'eau chaude et de minéraux qui jaillissait du plancher océanique. Les sources d'eau chaude sous-marines se forment aux endroits où le fond océanique se développe entre deux plaques tectoniques. À certains endroits, l'eau de mer s'enfonce dans des fissures du plancher océanique, où elle se fait réchauffer par le magma et se sature de minéraux. Sous de très fortes pressions, cette eau réchauffée rejaillit dans l'océan. Dans les profondeurs océaniques sombres et glaciales, la source d'eau chaude sous-marine est l'équivalent d'une oasis dans le désert, à la surface de la Terre.

Après cette première découverte, les scientifiques ont trouvé d'autres sources d'eau chaude sous-marines entourées de leur faune. Certains des animaux qu'ils ont découverts en ces endroits étaient totalement inconnus jusque-là et n'avaient, par conséquent, pas de nom. En s'inspirant de l'apparence de chaque animal, les scientifiques leur ont donné des noms familiers, comme « pissenlit » ou « vers spaghettis ».

Une des sources, que les scientifiques ont appelée « Jardin d'Éden », était entourée d'énormes vers appelés « riftias ». Ces vers sortaient leur tête rouge en dehors de leur tube blanc; on aurait dit des tubes de rouge à lèvres géants. Les roches environnantes étaient recouvertes d'un manteau de bactéries. De la même façon que les plantes vertes croissent grâce à l'énergie solaire, ces bactéries se nourrissent de l'énergie fournie par les minéraux des sources d'eau chaude sous-marines. Et, de la même façon que tu manges des plantes comme la laitue et les pommes de terre, d'autres créatures associées aux sources d'eau chaude sous-marines se nourrissent des bactéries. Mais les riftias ne peuvent pas manger, car ces vers n'ont ni bouche ni estomac. Au lieu de cela, ils absorbent directement des bactéries particulières qui se développent à l'intérieur de leur corps.

Les scientifiques sont fascinés par les étranges créatures qui vivent dans ces habitats reculés. Certains d'entre eux croient même que l'étude des sources d'eau chaude sous-marines pourrait donner quelques clés sur l'origine de la vie sur la Terre.

Les geysers et autres phénomènes volcaniques secondaires

Que se passe-t-il lorsque tu fais bouillir de l'eau? La chaleur émise par le rond de la cuisinière passe à travers le fond de la bouilloire et réchauffe l'eau, n'est-ce pas? Au bout de quelques minutes, des bulles se forment et une partie de l'eau est transformée en vapeur. Un volcan au repos ressemble tout à fait à un rond de cuisinière. Lorsque le magma qui constitue le manteau de la Terre chauffe les eaux souterraines, un fabuleux spectacle de jets d'eau commence.

Les sources thermales

L'eau ainsi réchauffée remonte parfois par des fissures de l'écorce terrestre jusqu'à la surface et remplit des étangs rocheux qu'on appelle «sources thermales». Pendant des siècles, des gens sont venus, parfois de très loin, pour se baigner dans ces baignoires naturelles. On attribue souvent des propriétés thérapeutiques à l'eau des sources thermales.

Les fumerolles

Les fumerolles sont des émanations de vapeur d'eau qui sont projetées dans l'atmosphère par des fissures dans le sol. Ces gaz chauds et humides sentent souvent les œufs pourris parce qu'ils contiennent un gaz appelé «anhydride sulfureux». Lorsque la vapeur se refroidit, l'anhydride sulfureux se condense et forme des cristaux jaunes autour du point d'origine de la fumerolle. Des changements dans l'activité des fumerolles sont souvent des signes avant-coureurs du réveil et de l'entrée en éruption d'un volcan.

Les bassins de boue

Les bassins de boue géants se couvrent de bulles et d'éclaboussures lorsque des bulles de vapeur cherchent à s'en échapper. La boue de ces bassins est en fait du roc souterrain qui a été dissous par les acides contenus dans la vapeur qui l'a traversé. Tu aimerais prendre un bain de boue? Ce n'est pas la meilleure façon de se laver... mais on prétend que ces boues chaudes sont idéales pour adoucir la peau et soigner certains maux. De la boue qui nettoie tout sur son passage: on aura tout vu!

De haut en bas: bassin de boue, source thermale, fumerolles.

Les geysers

Les fontaines d'eau chaude et de vapeur d'origine volcanique qui montent très haut dans les airs s'appellent des « geysers ». Ils sont intermittents ; entre chaque jaillissement, ils peuvent rester au repos pendant des périodes allant de quelques minutes à plusieurs semaines. La plupart des geysers ont une activité imprévisible, mais certains sont très réguliers. Par exemple le Old Faithful (photographie ci-contre) dans le parc de Yellowstone, au Wyoming, jaillit en moyenne toutes les 65 minutes.

Pourquoi les geysers jaillissent-ils ? À cause du système de canalisations souterraines qui les alimentent. Sous un geyser, de l'eau chaude qui provient des profondeurs de la Terre s'élève d'abord dans une grande cavité appelée « chambre ». Lorsque cette eau atteint le point d'ébullition, des bulles se forment et viennent obstruer les conduits étroits qui mènent à la surface. La pression monte dans la cavité et la température de l'eau s'élève de plus en plus. Finalement, les bulles sont poussées vers l'air libre et l'eau surchauffée de la cavité est projetée à l'extérieur. Attention, c'est chaud ! Ensuite, le geyser revient au repos, le temps qu'il faut pour que la cavité se remplisse de nouveau. Puis le cycle recommence.

La chaleur de la Terre travaille pour nous

Lorsque les Vikings ont découvert l'Islande, il y a environ mille ans, ils ont été impressionnés par les jets de vapeur qui sortaient du sol gelé. Ils ont donné au port naturel où ils avaient accosté le nom de *Reykjavik*, qui signifie « baie enfumée ». De nos jours, Reykjavik est une ville pleine d'activité, qui s'est développée, entre autres, grâce à la présence de cette source d'énergie abondante et bon marché : les geysers.

Les Islandais se servent de la vapeur souterraine pour faire tourner d'énormes turbines et produire ainsi de l'électricité. Ils captent également de l'eau chaude souterraine pour alimenter les immeubles résidentiels et commerciaux. On commence à faire de même au Japon, en Nouvelle-Zélande et aux États-Unis. Ce type d'énergie s'appelle « énergie géothermale » (le mot *géothermal* vient du grec et signifie « chaleur de la Terre »).

Connaître la Terre

On peut comparer les scientifiques qui sondent les profondeurs de la Terre à une équipe de médecins nains penchés sur un patient géant. Pour poser leurs diagnostics, ces scientifiques utilisent des « symptômes », comme les séismes et les éruptions volcaniques, pour comprendre ce qui se passe à l'intérieur de la planète et essayer de prévoir ce que l'avenir réserve.

Les nouvelles technologies aident les scientifiques à effectuer leur examen général de la Terre. Grâce à toute une série d'instruments spéciaux, ils arrivent à comprendre de mieux en mieux le fonctionnement de la planète. Leur but est de favoriser le meilleur usage possible des ressources qu'offre celle-ci et de sauver des vies lorsque la puissance destructrice des séismes et des volcans se manifeste.

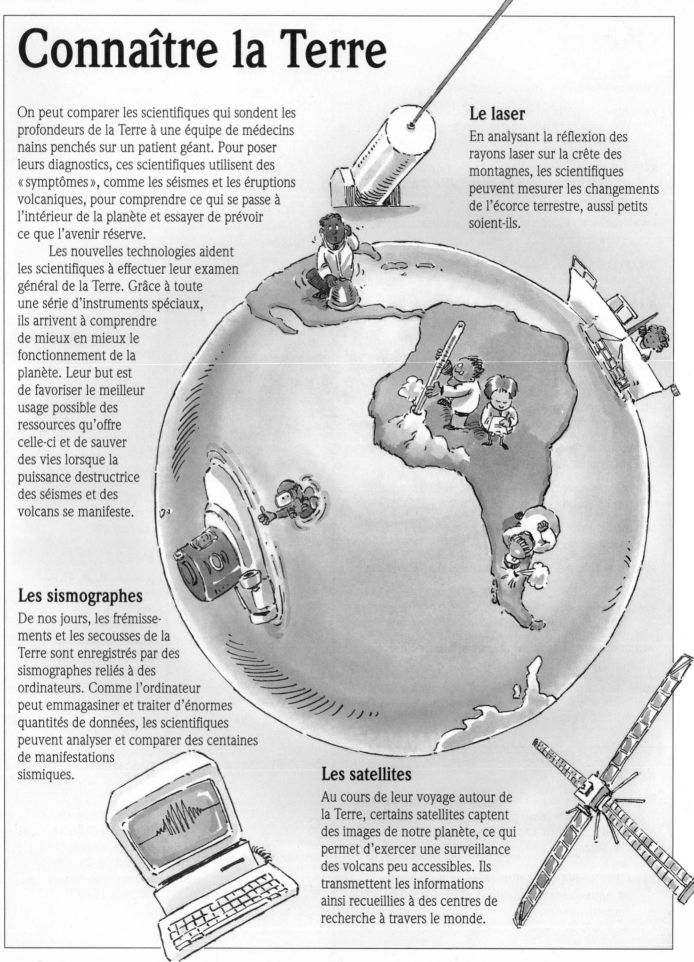

Le laser

En analysant la réflexion des rayons laser sur la crête des montagnes, les scientifiques peuvent mesurer les changements de l'écorce terrestre, aussi petits soient-ils.

Les sismographes

De nos jours, les frémisse-ments et les secousses de la Terre sont enregistrés par des sismographes reliés à des ordinateurs. Comme l'ordinateur peut emmagasiner et traiter d'énormes quantités de données, les scientifiques peuvent analyser et comparer des centaines de manifestations sismiques.

Les satellites

Au cours de leur voyage autour de la Terre, certains satellites captent des images de notre planète, ce qui permet d'exercer une surveillance des volcans peu accessibles. Ils transmettent les informations ainsi recueillies à des centres de recherche à travers le monde.

Glossaire

faille : fissure dans l'écorce terrestre.

géologue : scientifique spécialiste de l'étude de l'écorce terrestre et des parties internes de la Terre.

geyser : source d'eau chaude et de vapeur qui jaillit dans les airs. L'eau est réchauffée dans les entrailles de la Terre.

lave : roche en fusion qui jaillit à la surface de la Terre.

magma : roche en fusion qui se trouve à l'intérieur de la Terre.

manteau : partie interne de la Terre, entre l'écorce et le noyau.

noyau : partie centrale de la Terre.

Pangée : supercontinent du début de l'histoire de la Terre.

plaques tectoniques : grands morceaux qui constituent l'écorce terrestre et le manteau supérieur.

point chaud : giclée de roche en fusion qui provient du manteau de la Terre.

rift : point de jonction de deux plaques tectoniques qui s'éloignent l'une de l'autre.

séisme : tremblement du sol, causé par de l'énergie soudainement libérée.

sismologue : scientifique spécialiste de l'étude des séismes.

volcan : tout point de l'écorce terrestre d'où émerge de la roche en fusion.

volcanologue : scientifique spécialiste de l'étude des volcans.

zone de subduction : endroit où une plaque tectonique plonge sous une autre.

Réponses

Page 13. Si tes rouleaux de papier hygiénique ont chacun 300 feuilles, il te faudra 15 1/3 rouleaux pour représenter toute l'histoire de la Terre.

Page 33. Il faudrait 1 000 séismes de magnitude 4 pour avoir l'équivalent d'un séisme de magnitude 7.

Index

A

activités
  Décalque les continents, 11
  Déforme une plaque, 21
  Fabrique un volcan, 26
  Imite l'effet d'un séisme, 34
  L'œuf dur, 6
  La lave à croquer, 23
  Le fil du temps, 13
  Les grains de riz et les mouvements du manteau, 9
  Les maisons de dominos, 36
  Les ondes sismiques représentées par un ressort Slinky et par une corde à sauter, 36
  Reproduis un plissement montagneux, 41
  Une éruption dans une bouteille, 17
Afrique orientale, 35, 41
Afrique du Sud, 11
Alaska, 30-31, 33
Alpes, 41
Alvin. Voir: sous-marins
Amérique du Sud, 24, 40, 42
Anchorage, 30
Andes, 40, 41
animaux, 38-39
Appalaches, 11
archéologues, 29
Argentine, 11
Armero (Colombie), 24
Atlantique, 11, 15
atmosphère, cendres volcaniques dans l', 25
Australie, 25

B

bassins de boue, 44
bordure d'une plaque, 8, 15, 43
Brésil, 10

C

Californie, 31, 35, 41
Ceinture de feu du Pacifique, 15, 32
cendres volcaniques, 14, 17, 18, 19, 23, 24, 25, 28
chaîne de montagnes sous-marine, 21

cheminée, 16
cheveux de Pélé, 23
Chili, 40
Chine, 38-39
climat, 23, 25
Colombie, 24
cône de cendres, 24
continents, 10, 11, 12
coulées de boue, 24
coulées pyroclastiques, 24
courants dans le manteau, 9
crêtes océaniques, 11
croûte terrestre, 67, 15, 16, 34, 46, 47

D

Darwin, Charles, 40
dérive des continents, 10
dinosaures, 12-13
dorsales océaniques, 9

E

échelle de Richter, 33, 39
éclairs, 14, 17
écorce terrestre. Voir: croûte terrestre
Écosse, 11
énergie géothermale, 45
épicentre, 36

F

failles, 8, 34, 35, 41, 47
Fiorelli, Giuseppe, 29
Floride, 31
fosses océaniques, 9
fossiles, 11, 40
foyer d'un séisme, 36
fumerolles, 44

G

géologue, 7, 8, 11, 13, 21, 33, 39, 41, 47
geysers, 43, 44, 45, 47
Grand Rift, 41

H

Haicheng (Chine), 38-39
Hawaii, 15, 20-21, 24, 31, 41
Heimaey (Islande), 18-19
Herculanum, 24
Hickson, Catherine, 14
Himalaya, 35, 41

I

immeubles et tremblements de terre, 35, 37
Inde, 35
Indonésie, 25, 32
intérieur de la Terre, 6-7
Islande, 15, 18-19

J

Japon, 32, 35
Jardin d'Éden, source d'eau chaude sous-marine, 43
Juan de Fuca, plaque, 16

K

Kauai, 20-21
Kilauea, 20
Krakatoa, 25, 32

L

lahars. Voir: coulées de boue
Lanai, 20-21
larmes de Pélé, 23
laser, 46
lave, 4, 5, 18, 19, 22, 23, 24, 42, 47
lisière d'une plaque. Voir: bordure
Loihi, 21
Los Angeles, 35

M

magma, 9, 15, 16, 17, 22, 43, 47
magnitude d'un séisme, 33
manteau de la Terre, 6-7, 9, 15, 47
Maui, 20-21
Mauna Loa, 20, 24, 41
Mesosaurus, 11
Mexique, 4-5
Moho, 7
Mohorovicic, Andrija, 7
Molokai, 20-21
montagnes, 8, 11, 14, 15, 16, 17, 18, 20, 21, 24, 25, 28, 35, 40, 41
    formation des, 8, 35, 40, 41
montagnes sous-marines, 9, 11, 15, 21

N

Nazca, plaque de, 40
Nicaragua, 32
noyau, 6-7, 47
nuées ardentes. Voir: projections pyroclastiques

O

Oahu, 20-21
Old Faithful, 45
ondes de surface, 36
ondes de fond primaires (ondes P), 36
ondes de fond secondaires (ondes S), 36
ondes sismiques, 33, 36
Oregon, 15

P

Pacifique, 15, 20, 32, 40
Pangée, 10, 13, 47
papier mâché, volcan de, 26-27
Paricutin (Mexique), 4-5, 24
Pélé, 20-21
pierre ponce, 23
Pinatubo, mont, 25
plancher océanique
    en tant que partie d'une plaque, 8
    expansion du, 9, 15, 43
plaque du Pacifique, 15, 21, 35
plaque eurasienne, 18
plaque nord américaine, 18, 35
plaques tectoniques, 8, 9, 10, 11, 15, 16, 34, 35, 40, 41, 43, 47
points chauds, 9, 15, 18, 21, 47
Pompéi, 24, 28-29
Port Alberni (Colombie-Britannique), 31
projections pyroclastiques, 24
Pulido, Cresencio, 4-5

R

raz de marée. Voir: tsunami
Reykjavik (Islande), 45
Richter, Charles, 33
rift, 15, 18
riftias, 43
rifts, 15, 18, 35, 41, 43, 47
roches radioactives, 6-7
Rocheuses, 41
Ruiz (Armero, Colombie), 24
Ryükyü (îles), 32

S

Saint Helens, mont, 14, 15, 16
San Andreas, faille de, 35
San Francisco, 35, 37
satellites, 46
Scandinavie, 11

séismes, 8, 16, 30-39, 46, 47
Sierra Nevada, 41
sismogramme, 33
sismographe, 33, 46
sismologue, 33, 34, 38, 39
sources d'eau chaude sous-marines, 42-43
sources thermales, 44
sous-marins, 42
subduction, 8
    zones de, 9, 15, 16
supercontinent, 10, 12
Surtsey, île de (Islande), 19

T

Tambora, mont, 25
tectonique. Voir: plaques tectoniques
température de l'intérieur de la Terre, 7
Thomas, Anne, 30-31
Tibet, 35
tortues, 32
tremblement de terre. Voir: séismes
tsunami, 31, 32

V

Valparaiso (Chili), 40
Vésuve, 24
Vikings, 45
volcaniques,
    blocs, 22
    bombes, 19, 22
    cendres, 17, 18, 23, 25
volcanologues, 14, 24, 47
volcans, 4, 5, 8, 9, 14-29, 32, 35, 41, 44, 46, 47
    dans un champ de maïs, 4-5
    lutte contre les, 19
Vulcain, dieu du feu, 28

W

Washington, État de, 14
Wegener, Alfred, 10-11
Wyoming, État de 45

Y

Yellowstone, parc de (Wyoming), 45